ÉLOGE FUNÈBRE

DE

M. L'ABBÉ FRANÇOIS AUBERT

CURÉ DE St-REMI DE REIMS

PRONONCÉ

DANS LA CÉRÉMONIE DE LA TRANSLATION DE SES RESTES MORTELS

DANS SON ÉGLISE PAROISSIALE

Par M. l'abbé V. TOURNEUR

ARCHIPRÊTRE, CURÉ DE SEDAN

LE 17 FÉVRIER 1870

Impendam et superimpendar
ipse pro animabus vestris.
(II, Corinth. XII, 15.)

Imprimé à la demande et aux frais du Conseil de fabrique de St-Remi.

REIMS

P. DUBOIS ET Cie, IMPRIMEURS DE SON EXC. Mgr L'ARCHEVÊQUE

(V. GEOFFROY, GÉRANT)

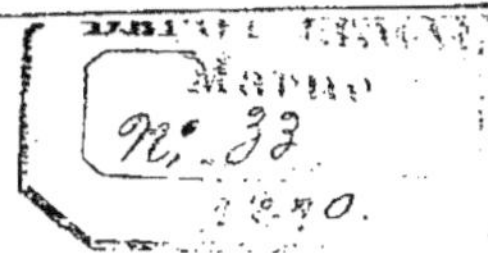

TRANSLATION DES RESTES MORTELS DE M. L'ABBÉ AUBERT.

La translation et l'inhumation des restes mortels de M. l'abbé Aubert dans l'église paroissiale de Saint-Remi ont eu lieu, jeudi 17 Février, avec une grande solennité, rappelant l'imposant et lugubre appareil qui, le 12 Janvier dernier, avait transformé en triomphe les obsèques du vénérable curé. Avant l'heure indiquée, le cimetière était envahi par une foule considérable, composée de la paroisse presque entière, et des personnes qui étaient accourues de tous les points de la ville. On se pressait autour de la fosse béante qui allait rendre la tombe qu'on lui avait confiée quelques semaines auparavant ; les regrets et la douleur des premiers jours s'étaient réveillés dans les âmes et se peignaient sur les visages de tous.

La levée du corps fut faite à dix heures, et du cimetière le cortége se dirigea vers l'église paroissiale, suivant les rues *Dieu-Lumière, Saint-Julien*, qu'il avait parcourues, en sens inverse, au jour des obsèques. Les enfants des écoles ouvraient la marche ; venaient ensuite la société musicale l'*Union* exécutant ses plus belles marches funèbres , puis l'*Association du Rosaire* et enfin une nombreuse assistance de prêtres se déployant sur deux lignes parallèles. Immédiatement avant la tombe, marchait M. l'abbé Juillet qui présidait la cérémonie et qui chanta la messe. Les coins du poële étaient tenus par MM. les Curés de la ville, MM. Lanson, juge de paix, Paris, conseiller-général, Leconte, conseiller d'arrondissement, Scarbonchi , commissaire de police. De chaque côté du cercueil, les sociétaires de *St-Fiacre*, de *St-Eloi*, de la *Mutuelle* portaient des flambeaux. Au deuil, qui était conduit par M. Pruneaux, président du conseil de fabrique, on remarquait des notabilités de la ville, des ecclésiastiques de Reims et du diocèse, etc.

Après avoir traversé la foule compacte qui se pressait sur son parcours, le funèbre cortége entra dans la vaste église de St-Remi. L'édifice avait, comme au jour de l'enterrement, revêtu les livrées du deuil : le sanctuaire était tendu de noir ; une immense croix ornait l'abside; dans le chœur s'élevait un imposant catafalque. Avec beaucoup de goût et d'à-propos on avait multiplié et varié les inscriptions; sur la chaire on lisait les dernières paroles du charitable curé : *La paix soit avec vous ! Je vous bénis...*

Après la messe solennelle, M. l'abbé Tourneur, dont le nom et la parole sont si sympathiques à Reims, monta en chaire pour prononcer l'éloge funèbre du vénéré défunt. Ce que les auditeurs émus attendaient de l'orateur, dans cette circonstance solennelle, celui-ci l'a donné; c'est-à-dire que M. l'abbé Tourneur traduisit en un touchant et beau langage les sentiments de tous ; sa voix fut l'âme de cette grande cérémonie, et, dans cette foule immense qui se pressait autour de la chaire, les cœurs vibraient à l'unisson, sous la parole de l'éloquent panégyriste de M. Aubert. Rien n'a manqué à la physionomie morale de l'ancien curé de St-Remi, esquissée par M. Tourneur ; c'est un portrait définitif dans lequel on contemplera l'âme de M. Aubert, à peu près comme on aime à revoir dans des photographies saisissantes de vérité, les traits de son visage.

Après ce mémorable discours que tous voudront lire, même après l'avoir entendu, M. l'abbé Juillet fit la cérémonie de l'absoute; puis se mettant une dernière fois en marche, le cortége se dirigea vers la chapelle *St-Fiacre* où se trouvait préparé le caveau qui devait recevoir pour toujours la vénérable dépouille. En voyant la tombe de M. Aubert, portée sur les épaules de ces ouvriers qu'il avait tant aimés et traversant la nef de la vaste église, il était impossible de ne pas évoquer le souvenir de ces grandes fêtes que le zélé pasteur organisait chaque année en l'honneur de S. Remi, et où la châsse de l'illustre patron du diocèse est entourée des hommages et de la vénération de tous. Désormais les reliques de S. Remi et les restes mortels de celui qui l'a tant glorifié reposeront à l'ombre du même sanctuaire.

Nous n'en doutons pas, la chapelle de *Saint-Fiacre* sera désormais deux fois vénérable pour les habitants de Saint-Remi ; c'est là qu'ils aimeront à venir s'agenouiller et à prier pour celui qui fut leur pasteur et leur père ; c'est là aussi que tous ceux qui ont connu M. Aubert ou qui entendront plus tard le récit de sa vie apostolique, viendront apprendre la puissance de la charité, de cette vertu que la Religion seule connaît et qui donne, même en ce monde, à ceux qui la pratiquent la plus douce et la plus glorieuse immortalité.

L. Baye.

ÉLOGE FUNÈBRE

De M. l'Abbé François AUBERT

CURÉ DE SAIRT-REMI

Prononcé dans la Cérémonie de la Translation de ses Restes mortels dans son Eglise paroissiale

par M. TOURNEUR, archiprêtre, curé de Sedan, le 17 Février 1870

Libentissimè impendam et superimpendar ipse pro animabus vestris.

Je donnerai de grand cœur tout ce que j'ai et je me donnerai moi-même pour le bien de vos âmes.

(II. Corint. XII, 15.)

MES FRÈRES,

Jésus-Christ, Fils de Dieu, est venu sur la terre afin de nous sauver en mourant pour nous. Toute sa vie, résumée par l'apôtre saint Pierre, se renferme dans ces deux mots : « Il a passé en faisant le bien, *Pertransiit benefaciendo* (1). » Mais le bon Maître ne devait pas toujours rester visible au milieu des hommes. C'est pour cela qu'il s'est choisi des disciples, qu'il les a laborieusement formés par ses exemples, instruits par ses paroles, en leur expliquant sans mystères ce qu'il n'enseignait aux autres qu'en paraboles et en figures. Quand Jésus sera remonté aux cieux, les apôtres continueront son œuvre, en se sacrifiant à leur tour, jusqu'à la consommation des temps, tel est l'ordre formel qu'ils ont reçu, « *euntes docete... baptisantes..... usque ad consommationem sœculi* (2). » Et parce qu'ils doivent aussi mourir, leur premier acte sera de s'adjoindre des compagnons, qui deviendront un jour

(1) Act. X, 38.
(2) Math. XVIII,20.

leurs successeurs. Héritiers des pouvoirs des apôtres, protégés à jamais comme eux par les infaillibles promesses de Jésus-Christ, ils composeront ce sacerdoce catholique, toujours vivant jusqu'à la fin des siècles, afin de continuer parmi les âmes l'œuvre du dévouement. Ils instruiront les peuples, ils remettront les péchés, et leur mission ne sera terminée que le jour où ils arriveront, au milieu des nations ressuscitées, au pied du Tribunal suprême, afin d'y recevoir avec elles la dernière sentence.

Assemblage d'hommes sans cesse moissonnés par la mort, le sacerdoce catholique ne meurt donc jamais. Et quoique les prêtres qui le composent participent encore par bien d'autres endroits aux faiblesses de l'humanité, grâce à la bonté divine, le corps sacerdotal n'en sera pas moins toujours à la hauteur de sa sublime mission. Tous, sans exception, ont leurs infirmités, leurs défaillances, leurs imperfections, même leurs défauts. Mais ils auront aussi leurs qualités, et ce qui se passait sous les yeux du Grand Apôtre se reproduira sans interruption dans toute la suite des âges. « *Alius quidem sic, alius vero sic* (1). » Dieu, qui s'est réservé le soin de se pourvoir toujours de prêtres selon son cœur, afin de procurer sa gloire, « *Suscitabo mihi sacerdotem fidelem, qui juxta cor meum faciet* (2), » Dieu partagera ses dons à ses serviteurs : à l'un la science, à l'autre le discernement des esprits, à l'autre le talent de conduire les hommes, ou celui de toucher les cœurs, à l'autre la piété ! Et toutes ces richesses, fécondées par la prière et par l'éducation sacerdotale, accumuleront un inépuisable trésor de vertus et de mérites, pour le bonheur des âmes. Les prêtres seront toujours des hommes imparfaits, bornés par mille côtés ; mais le sacerdoce sera grand, saint, admirable, digne de Jésus-Christ, son divin modèle. Aucun prêtre ne sera complet ; Jésus-Christ seul peut s'élever à la perfection ; mais l'ensemble de leurs qualités permettra au sacerdoce de faire vivre jusqu'à la consommation des siècles, et l'œuvre du Sauveur, et le souvenir de ses divines vertus !

Où l'a-t-on pu mieux voir, MES FRÈRES, que dans ce diocèse et par les hommes, si précieux à divers titres, que nous avons perdus depuis quelques années ? L'un, M. Nanquette (3), destiné à faire aimer la religion dans

(1) I Corint. VI, 7.
(2) Reg. XI, 35.
(3) S. G. Mgr J.-J. Nanquette, évêque du Mans, mort en 1861.

les plus hautes classes sociales et à procurer ainsi un bien immense, avait reçu pour partage la fermeté d'âme, tempérée par une angélique douceur; simple vicaire, curé d'une ville importante, évêque d'une grande Eglise, il était la suavité dans la force, *fortiter et suaviter!* (1). Cet autre, M. Aubry, chargé pendant quarante-cinq ans de former les prêtres de ce diocèse à toutes les vertus de leur état, n'a pas cessé un seul instant de leur en donner l'exemple. C'est rester dans les bornes les plus étroites de la vérité que de le proclamer un saint (2). Vous oublierai-je, docte Pontife, dont les ouvrages, traduits dans toutes les langues de l'Europe, ont été porter votre nom jusqu'aux extrémités du monde? Et pourtant le souvenir de votre bonté paternelle vous fera vivre dans les cœurs rémois plus sûrement et plus longtemps que vos savants écrits (3)! A vous, saint prêtre, Dieu avait donné un cœur de mère pour aimer les enfants abandonnés. Votre foi vous montrait en eux Jésus naissant, votre maison devenait leur Bethléem, les pans de votre pauvre soutane étaient les langes qui les abritaient; votre nom signifiera toujours parmi nous tendresse et miséricorde (4). Une tombe s'ouvrait il y a quelques semaines, et celui dont on y déposait les restes avait été le type de l'administrateur intelligent, qui sait multiplier les ressources pour multiplier les bienfaits, comme Jésus, qui nourrissait au désert cinq mille hommes avec cinq pains (5). Et vous, vénéré Pasteur, dont la précieuse mémoire nous rassemble ici pour la seconde fois, si peu de temps après votre ami, la Providence vous a suscité parmi nous comme un ministre fidèle, *suscitabo mihi sacerdotem fidelem*, et vous avez répondu aux désirs de Dieu, *qui juxta cor meum facie'*. Le don qu'elle vous a confié, c'est l'expansion, c'est la charité, c'est le dévouement. Vous êtes créé pour tout donner de grand cœur et vous sacrifier vous-même au bien des âmes. *Libentissimè impendam et superimpendar ipse pro animabus vestris.* Ces paroles, que la charité inspirait à l'Apôtre, laissons-les, MES FRÈRES, dans la bouche de celui que nous pleurons. Aucunes ne seraient plus propres à renfermer, comme dans un cadre, le portrait que votre piété reconnais-

(1) Sap. VIII, 7.
(2) M. M. Aubry, supérieur du Grand-Séminaire, mort en 1865.
(3) S. E. Mgr le cardinal Th. Gousset, mort en 1866.
(4) M. l'abbé Charlier, fondateur de Bethléem, mort en 1868.
(5) M. Fournier, chanoine, mort en 1869.

sante nous demande en ce moment. S'il a été depuis sa première enfance, et dans les diverses fonctions qu'il a remplies, aimé, chéri de tous ; si une nombreuse affluence s'est, en quelques jours, renouvelée deux fois autour de son cercueil ; si le premier magistrat de la cité a voulu exprimer sur sa tombe les unanimes regrets de nos concitoyens, et se faire l'éloquent interprête de leurs sentiments ; si, à la demande des représentants du pays, le gouvernement de l'Empereur, appréciateur équitable d'un mérite exceptionnel, a bien voulu lui accorder une distinction exclusivement réservée aux princes de la nation et aux princes de l'Eglise, c'est parce que toute la vie de M. l'abbé François Aubert, curé de cette paroisse, a proféré, comme l'Apôtre, ce cri du dévouement : *Libentissimè impendam, et superimpendar ipse pro animabus vestris !* Je donnerai de grand cœur tout ce que j'ai ; je me donnerai moi-même pour le bien de vos âmes. Je n'ai pas besoin, je le sens, d'implorer votre attention pour me suivre dans le développement de cette simple pensée, qui remplira tout notre entretien.

La mission spéciale de M. l'abbé Aubert est de se dévouer pour les âmes ; la Providence y pourvoira, et si la main de Dieu est visible dans toute vocation sacerdotale, *suscitabo mihi sacerdotem fidelem* (1), elle se montrera partout à découvert dans la vie du vénérable prêtre dont nous avons maintenant à raconter l'histoire.

Il naît en 1801, à Sévigny-la-Forêt, au fond des Ardennes. Jeune encore, il est devenu orphelin ; mais son enfance n'en sera pas moins entourée d'affections. Tous le chérissent dans son village natal ; et chacun des membres de sa patriarcale famille, ses sœurs surtout, se plairont à verser continuellement dans son âme ces inépuisables trésors de tendresse et de dévouement qu'il saura dépenser si largement plus tard.

Le temps des études est venu. Il les commence au séminaire de Charleville, car Reims, dépossédée de sa couronne de reine, est descendue du rang des métropoles à celui de simple chef-lieu de canton ecclésiastique du diocèse de Meaux. M. Aubert, diocésain de Metz, est dirigé vers le séminaire épiscopal de Metz, établi à Charleville. Mais la Providence veille

(1) Reg. XI, 35.

sur lui ! On lui a dit, un jour, que sans doute il aspire au sacerdoce, parce qu'il trouvera dans ses deux oncles, haut placés dans le clergé de Reims, des appuis qui favoriseront son ambition. — Une pareille idée le blesse; il lui semble qu'elle le déshonore! Eh quoi! lui qui ne sent dans son cœur que le désir du dévouement, on le soupçonnerait de choisir par calcul une carrière où il ne veut que des sacrifices? — Non, sa juste susceptibilité se révolte, et il quitte le séminaire pour venir chercher, comme externe au collége de Reims, une instruction purement laïque. Vous le vouliez, ô mon Dieu! Vous l'attiriez ainsi vers cette ville, la seule assez vaste dans le diocèse entier pour fournir une carrière suffisante à sa charité et à son zèle! Il devait se lier au collége avec les futurs bienfaiteurs de ses pauvres; il devait être élevé, tout jeune encore, au milieu de cette paroisse de Saint-Remi, à laquelle il viendra tout donner! Ses premières amitiés à Reims datent de cette époque; et quarante ans plus tard, un de ses condisciples de 1816, resté depuis son admirateur et son ami, lui léguera, pour être distribué en aumônes, un patrimoine de soixante mille francs (1).

Mais ne craignez pas, MES FRÈRES, qu'il échappe à sa vocation! En vain vous paraissez fuir, jeune homme; un invincible attrait vous reprendra. L'âge de se choisir une carrière est arrivé; vous aurez beau, dans vos rêves, les interroger toutes, il n'y en aura qu'une seule qui saura vous plaire; vous serez prêtre! Car le prêtre, selon le cœur de Dieu, ne s'appartient pas. Le jour, la nuit, il est aux enfants, aux affligés, aux malades. S'il étudie, ce ne sera pas pour satisfaire à ses goûts, ce sera pour son ministère. Pour lui, pas de trésors à amasser, pas de fortune à conquérir; il donnera ce qu'il possède, il se donnera lui-même, quand les besoins des autres l'exigeront. Quel idéal pour votre âme! Donner et se donner, *impendam et superimpendar ipse pro animabus vestris*. Voilà ce qu'instinctivement votre cœur cherche, voilà ce que la piété vous dicte! Vous serez prêtre!

Il retourne à Charleville; il y termine en trois ans ses dernières classes d'humanité et de philosophie avec les plus brillants succès; et quand l'heure est venue de commencer ses cours théologiques, les voies de la Providence se dessinent avec un merveilleux à-propos. Monseigneur

(1) M. Machet.

de Coucy a pris possession, depuis quelques mois, du siége métropolitain nouvellement rétabli. Appelés par lui, conduits par le vénérable M. de Raigecourt-Gournay, les disciples du pieux Olier commencent à diriger nos lévites et à former nos prêtres ; avec eux, le ciel nous donne ce saint que nous pleurons encore, l'incomparable M. Aubry. C'est lui qui conduira l'âme du jeune abbé Aubert et qui restera pendant quarante-cinq ans le directeur de sa conscience. Que l'un, MES FRÈRES, vous serve à apprécier l'autre !

Aussi, quand le cours de ses études est terminé, il est prêtre ; et c'est à Saint-Remi qu'il débutera dans le ministère. C'est du haut de cette chaire, dans laquelle il devait mourir, que ses premières paroles ont été prononcées ; c'est dans ces rues, chez vos pauvres, qu'il a donné les prémices de son cœur et qu'il a fait l'apprentissage du dévouement. Dévoué à son vénérable oncle, dévoué à tous les travaux, à toutes les fatigues. Un témoin oculaire résumait en ces termes les quatre années de son vicariat à Saint-Remi : « Il faisait, tous les jours, en petit, ce qu'il a fait pendant trente ans comme curé : Il donnait, et il se donnait : *Impendam, et superimpendar ipse pro animabus vestris !* »

A Monsieur Joachim Aubert, mort en 1829, succède comme Curé à Saint-Remi, celui que nous sommes heureux de voir depuis trente-quatre ans l'honneur du Chapitre métropolitain, plus encore par ses douces vertus, que par les années auxquelles il doit depuis longtemps d'être le doyen d'âge de tout le diocèse (1). Combien il désirerait conserver pour vicaire celui qui a su conquérir dans Saint-Remi une si large place ! Ses efforts seront impuissants ; mais il sera dédommagé par le pieux concours de ces prêtres si prudents si dévoués, que nos Ardennes ont possédé longtemps, et dont les paroisses de Donchery et de Saint-Menges pleurent encore la perte (2). M. l'abbé Aubert doit aller à Saint-Jacques. N'a-t-il pas là un oncle dont il doit soulager la vieillesse (3) ? N'y trouvera-t-il pas un peuple nombreux à conduire, des pauvres à soulager, des riches qui sauront apprécier son mérite, et qui le choisiront bientôt pour le dispensateur

(1) M. l'abbé Jolinet, chanoine titulaire, ancien curé de St-Remi.

(2) M. l'abbé Laporte, chanoine honoraire, mort curé titulaire de Donchery en 1864, et M. l'abbé Legrand, mort en 1859.

(3) M. l'abbé Sommé, mort en 1832.

de leurs aumônes? Allez donc, jeune vicaire; portez sur ce nouveau théâtre votre dévouement, votre ardeur pour le bien, votre inépuisable zèle, vous en sortirez fortifié par l'épreuve, grandi par le sacrifice et devenu vraiment vous même !

Et en effet, Mes Frères, les jours mauvais vont venir ! L'opposition politique faite alors aux Bourbons, s'attaque aussi à la religion qu'ils aiment sincèrement et dont on les accuse, à tort peut-être, de se faire un instrument de règne. Aussi, quand auront éclaté les événements de 1830, après avoir effacé les fleurs-de-lys et supprimé l'écusson royal, on voudra renverser encore les emblêmes de la foi. Aucun n'était plus odieux, à Reims, aux passions du moment, que la croix, souvenir des Missions de 1821. Placée en tête des Promenades, haute comme ces ormes séculaires dont je la vois encore encadrée, dominant d'une part le monument ruiné des Césars et leurs arênes détruites, annonçant de l'autre, aux morts, l'espérance, et aux vivants, les vérités sévères de l'autre vie, elle importunait bien des consciences et son renversement était depuis longtemps décidé.

C'était un dimanche, le 16 du mois d'Août, quand les âmes fidèles, réunies dans les églises, y célébraient la fête de la Très-Sainte-Vierge, une troupe forcenée se rue sur le monumental Calvaire. En un instant la hache et la scie ont fait tomber avec fracas l'arbre sacré. Le Christ colossal, vrai chef-d'œuvre de sculpture, en est arraché. Qu'en feront-ils ? Il a parcouru la ville en 1821, s'écrient-ils, triomphalement porté sur les épaules de ses adorateurs ; qu'il expie aujourd'hui sa gloire, en recommençant avec nous le même trajet ! Ainsi, ô Jésus, on vous faisait payer autrefois, dans les rues de Jérusalem, les acclamations et les pompes du jour des Rameaux ! L'affreuse promenade recommence à Reims ! C'était le soir, et ils font une partie de leur trajet éclairés de flambeaux sinistres et poussant d'horribles cris ! Il ne vous mèneront pas, ô mon maître, de tribunal en tribunal, comme le firent vos premiers bourreaux ; mais, ivres de rage, d'impiété et d'eau-de-vie, ils vous traînent de cabaret en cabaret, ajoutant sans cesse des blasphêmes à des blasphêmes, des outrages à des outrages ! Toute la ville est consternée. On se demande avec effroi quelles vengeances attireront sur la cité rémoise de si criminels attentats ? et dans toutes les rues que parcourt le tumultueux cortége, une véritable terreur arrive avec lui. On se rappelait, dans cette partie de la ville voisine de Saint-Remi, le jour où de semblables bandes étaient venues arracher à leur demeure le vénérable curé de Saint-Jean, et son doux confrère le curé de Rilly-la-Montagne, pour les massacrer sur le seuil de l'Hôtel-de-Ville ; puis encore, à deux pas d'ici, prendre, pour aller le brûler vivant, ce jeune abbé Romain, (1) dont vous avez encore la famille au milieu de vous ! Nos mères, tremblantes, nous font nous agenouiller avec elles ; et prenant nos mains dans leurs mains, elles unissent à leurs prières nos prières d'enfants, afin de conjurer la colère divine ! — Quand le jour est venu, quand leur rage est épuisée, il faut bien finir ! Allons, disent-ils, porter à Saint-Jacques le Christ qui lui appartient ! et ils accourent au presbytère. On a forcé le vénérable curé à disparaître ; mais parce qu'il y a un véritable danger à courir et que de ces forcenés on peut tout craindre, un autre est prêt à se dévouer : *impendam et superimpendar ipse pro animabus vestris !* C'est M. l'abbé Aubert. Il se présente à eux avec les dons de sa riche nature : il est doux et fort, conciliant et énergique, plein de présence d'esprit et d'entrain, de vivacité, de souplesse. En un instant, les tigres, adoucis et charmés, laissent pour quelque argent, entre ses mains, le Christ mutilé, mais restauré depuis et devenu l'honneur d'une des paroisses du diocèse de Soissons (2). Quant aux profanateurs, la vengeance divine ne les perdit pas de vue ; en peu de temps, ils disparurent tous, frappés de mort violente.

M'excuserais-je de ces détails, MES FRÈRES ?... Non, votre piété filiale me les pardonne, parce qu'ils m'ont permis de vous montrer tout entiers l'esprit, le cœur, le dévouement de celui que nous pleurons ; j'abrège maintenant le récit de cette admirable vie.

Le choléra de 1832 est venu, plus effrayant, plus terrible que nous ne l'avons revu depuis lors ; et c'est dans une portion de la paroisse de Saint-Jacques qu'il a commencé, qu'il sévit le plus cruellement. Or, Saint-

(1) MM. Paquot, curé de Saint-Jean, Suny, curé de Rilly-la-Montague, et Romain, vicaire du Chesne, massacrés à Reims les 3 et 4 Septembre 1792. Ils habitaient tous les trois le haut de la ville.

(2) Lemé, arrondissement de Vervins, canton de Sains.

Jacques est sans curé ; seul, avec deux jeunes collaborateurs (1), M. Aubert devra pouvoir à tous les besoins. Chef réel de la paroisse, plus âgé, plus connu que ses confrères, il paiera plus largement de sa personne. Il oublie sa nourriture ; il passe une semaine entière sans quitter ses vêtements ; il donne tout ce qu'il a, il se dépense lui-même avec le plus héroïque dévouement. Aussi, tous les cœurs sont conquis, et il lui appartiendront jusqu'à son dernier jour.

En peu d'années, deux curés nouveaux se sont succédé à Saint-Jacques : l'un, vieillard chargé de mérites autant que d'années, à qui manquent les forces pour un si laborieux ministère (2) ; l'autre, jeune, plein d'intelligence et de cœur, qui promet à sa paroisse une administration longue et bénie de Dieu, mais que la mort vient trop tôt enlever à l'affection et à l'admiration des siens (3). A l'un comme à l'autre M. l'abbé Aubert s'est dévoué avec toute l'expansion de son ardente charité et de son cœur ; il a été leur meilleur ami ; ils sont l'un et l'autre descendus dans la tombe en bénissant leur Vicaire.

Alors, pour la troisième fois en quatre années, la cure de Saint-Jacques est devenue vacante. La Providence ne semble-t-elle pas y appeler visiblement celui qui l'administre en réalité depuis six ans et qui en est devenu l'âme ? Beaucoup le pensent. L'opinion s'émeut ; la voix publique le réclame pour pasteur ; les instances sont si vives auprès de l'autorité diocésaine qu'elle se croit obligée de répondre par un acte imprimé, consigné dans les archives du diocèse, que désormais l'intention de l'éminent Cardinal de Latil est que jamais aucun vicaire ne soit appelé à succéder immédiatement à son curé. — Le coup était rude, mais il n'est pas au-dessus de sa vertu ! Humble, respectueux, modeste, celui qui a offert sa vie pour ses frères, saura donner aussi son cœur à l'obéissance ! Il a profondément gravée dans l'âme la parole de Saint-Jérôme : « *Esto* » *subjectus Pontifici tuo, et quasi animæ parentem suscipe* (4). » « Soyez soumis à votre Evêque et regardez-le comme le Père de votre âme. » Il sait, comme Saint-Ignace d'Antioche, que nous devons nous attacher à

(1) MM. J. Nanquette, mort évêque du Mans, et Bourgeois, curé d'Hargnies.
(2) M. l'abbé Thullier, ancien curé de Verzy.
(3) M. l'abbé Louis Nanquette, ancien supérieur du Séminaire de Charleville.
(4) Nep.

notre Evêque comme Jésus-Christ à son Père, et qu'il est terrible de lui résister, « *Episcopum sequamini sicut Christus Patrem ; terribile est » enim tali contradicere.* » Merci, ô Saint Prêtre, de cet exemple donné à tous les prêtres ! C'est vous le premier qui en recueillerez les fruits ! — Il est écrit que l'homme obéissant racontera ses victoires, *Vir obediens loquetur victoriam* (1). Vous ne marcherez plus désormais que de triomphe en triomphe, Dieu vous donne déjà, dès cette vie, votre première récompense et Saint-Remi vous attend !

On l'accueille à Renwez à bras ouverts. Il y rencontre une famille, des amis, des paroissiens dociles, empressés de se laisser diriger par lui. Il a trouvé une magnifique église, bâtie au XIVe siècle par les puissants barons de Montcornet-en-Ardennes. Il prélude, par sa restauration, aux merveilles qu'il réalisera plus tard à St-Remi, et tous s'empressent de seconder son ardeur. Son presbytère est un centre où sa bonté, son affabilité, son enjouement attirent tout le clergé des environs. Ami sûr, conseiller prudent et dévoué, comme vous l'a si bien dit, dans la cérémonie de ses funérailles, Monsieur le Doyen du Chapitre, l'un de ses plus intimes et de ses plus vieux amis (2), il attire, par son hospitalité noble et digne, et les vieux prêtres qui ont confessé leur foi dans l'émigration, et ceux qui ont faibli avec le schisme constitutionnel, et ceux qui débutent dans la carrière sacerdotale. Il a pour tous du respect, des paroles affectueuses, de sages et pieux encouragements. Nous dirons tout en répétant l'éloge fait par M. le comte de Jaubert, qui, de son domaine d'Harreux, voyait de près le Doyen de Renwez : « Messieurs, s'écriait-il en » pleine réunion du Conseil Général des Ardennes, le type du prêtre » dévoué à ses devoirs, c'est pour moi M. l'abbé Aubert. »

Mais il n'y a pour lui qu'un poste possible dans le diocèse de Reims, c'est la cure de St-Remi. Partout ailleurs, vicaire, doyen rural, il ne peut être qu'en passant. Il n'attendit pas longtemps. Monseigneur Gallard, Archevêque d'Anazarbe, est venu pour quelques mois seulement, s'asseoir en Mai 1839, en qualité de coadjuteur sur le siége de Reims. Il a trouvé St-Jacques sans Curé, car l'émeute avait, en 1838, chassé le digne

(1) Prov. XXI, 28.
(2) Discours de M. l'abbé Maille aux funérailles de M. Aubert. (*Courrier de la Champagne* du 13 Janvier 1870.)

M. Lecomte, et la situation paraissait sans issue. En quelques jours, un canonicat de St-Denis, offre au vieux confesseur persécuté un asile digne de ses mérites ; M. l'abbé Gaide, apporte à St-Jacques, sa piété, sa foi vive, et les qualités brillantes de son esprit; et le 21 Août 1839, M. Aubert rentre à St-Remi. Le voilà donc enfin à sa véritable place ! *In propria venit* (1). Il connait et il est connu ; il aime et il est aimé ; bientôt il est tellement identifié avec sa paroisse, que pour répéter ici la saisissante expression de Monsieur le Maire de Reims, *« on ne peut pas » plus concevoir l'Eglise de St-Remi sans son Curé, que le Curé sans » l'Eglise ; et il ne viendra jamais dans l'esprit de personne de son- » ger à les séparer ! »* C'est alors que son dévouement a trouvé le champ libre, et que chaque jour il s'écriera : *impendam et superimpendar ipse pro animabus vestris !* Donner tout ce que j'ai et me donner moi-même pour le bien de vos âmes, voilà ce que je veux ; voilà ce qu'il a fait pendant plus de trente ans Vous dire en détail ce qu'il a su accomplir ici pendant les laborieuses années de son long ministère, ce serait être infini et d'ailleurs vous raconter ce que vous avez vu et ce que vous savez mieux que moi.

Trois affections remplissent son cœur et inspireront tous ses sacrifices son église, les pauvres, les âmes. *Son Eglise* transformée depuis quinze ans en chantier de construction ne fournit plus au culte que l'abside et le transept, et encore l'abside est envahie par un lourd et disgracieux tombeau, témoignage aussi éloquent de la piété de M. Ludinard de Vauzelles, ancien Trésorier de France, que du déplorable goût artistique qui dominait en 1803. Tout aura bientôt changé de face Dès 1839, au moment de l'arrivée de M. Aubert, près de 300,000 francs sont consacrés par le Conseil municipal à la restauration du monument ; grâce au talent de l'architecte que vous connaissez tous (2) ; grâce au zèle infatigable, aux sacrifices personnels que s'aura s'imposer M. Aubert, aux secours qu'il saura solliciter et obtenir de généreux bienfaiteurs, la restauration de cet édifice, l'un des plus admirables de toute la France, sera bientôt un fait accompli. Pour la première communion de 1842, la cloison qui sépare la

(1) Joann. I.
(2) M. Narcisse Brunette, chevalier de la Légion-d'Honneur, architecte de la ville de Reims.

nef de l'abside est renversée, l'église est entière, les orgues sont installées, les statues réparées. En 1847, un nouveau tombeau se relève ; de nouveaux vitraux, de nouvelles grilles, de nouveaux autels, un chemin de croix monumental ajouteront chaque jour une beauté à cette splendide basilique. Une généreuse bienfaitrice (1) se dépouille pour lui de ces pavés, chef-d'œuvre du XIIIe siècle et antique souvenir de Saint-Nicaise ; une autre lui donnera ce Christ vieux de sept siècles, et qui ornait autrefois Sainte-Balsamie ; on l'aide à restaurer les émaux et les tapisseries, et quand l'Empereur et l'Impératrice viendront en 1858 visiter Saint-Remi, ils y rencontreront non une église, mais un musée. Et que ne diraient-ils pas aujourd'hui? Le bon Curé a mis à cette œuvre réparatrice, sa fortune, son cœur, sa vie.

Les Pauvres ! Il a huit cents familles indigentes à secourir, et il les connaît toutes, car il les visite plusieurs fois par an. Bons de pain, vêtements, chauffage, tout tombe de ses mains et de son cœur avec les paroles d'encouragement et de consolation, et il ne s'épuise jamais ! Aveugles, sourds-muets placés dans des établissements spéciaux ; enfants abrités au Bon Pasteur, ou à Bethléem, aucune œuvre ne lui est étrangère, dès l'instant où elle soulage l'indigent. Et vous pauvres que la honte retient dans vos demeures, que de fois sa charité a su vous découvrir et vous donner, sans que sa main droite parut connaître l'œuvre de sa main gauche ! Et vous que la Providence a destiné à lui succéder, venez sans crainte, car il a pensé à vous, et vous aurez vous aussi une large part à ses bienfaits ; ses réserves sont faites, les revenus sont assurés pour l'habillement des pauvres enfants de la première communion et pour d'autres œuvres, vous donnerez de vos propres ressources ; par vous M. Aubert saura encore donner après sa mort. *Impendam et superimpendar ipse pro animabus vestris.*

Les âmes ! Il les voit avant tout ; il les cherche par toutes ses autres œuvres. S'il embellit son église, c'est pour attirer les âmes. S'il multiplie les secours qui soulageront les corps, c'est qu'il veut trouver plus sûrement le chemin des âmes afin de les sauver ! C'est pour les âmes que levé chaque matin avant le jour, il consacre de longues heures à la prière et à l'étude. C'est pour les âmes qu'il est à toute heure à son confessionnal ou au chevet

(1) Mme Ve Clicquot-Ponsardin.

des moribonds. Catéchismes, œuvre de persévérance, associations pieuses, Mois de Marie... il emploie tous les moyens en son pouvoir en faveur des âmes. Il donne une splendeur inacoutumée à ses offices et il élève à une hauteur inouie ces neuvaines devenues une œuvre diocésaine, tant il sait y attirer les foules aux pieds du grand Apôtre de la France, par la renommée des prédicateurs qu'il invite, ou par les pompes à des cérémonies. Mais son œuvre de prédilection pour les âmes, c'est la prédication de la parole Sainte. Il s'y prépare avec le plus grand soin, il y attache une immense importance. Il encourage ses vicaires en leur donnant l'exemple. Il prêche aux grands offices paroissiaux, il prêche aux exercices de confrèrie, il prêche aux réunions du carême ; et sa parole toujours limpide comme sa belle âme, toujours sympatique comme son noble cœur, saura toujours éclairer, toucher, consoler ou convertir. Et puisque Dieu voulait exaucer son plus cher désir en le rappelant à lui aux milieu de ses fonctions sacerdotales, c'est en prêchant qu'il devait mourir, car c'est là qu'il se dépensait le plus pour le salut des autres.

Mais enfin il est mort ; et après quarante-cinq années de fatigues et de de sacrifices, l'heure du repos est venue pour lui. La mort ne l'a pas surpris ! l'ordre admirable qu'il avait établi dans toutes ses affaires en est la preuve la plus frappante ! Tombé sur le champ de bataille, comme un vaillant guerrier, il peut dire avec saint Paul : « J'ai combattu le bon combat, » j'ai terminé ma tâche en gardant le dépôt qui m'a été confié, je n'ai » plus qu'à recevoir au ciel la couronne de gloire que j'ai si justement » méritée (1). »

O bon et tendre Père, nous allons vous quitter, mais grâce au gouvernement de l'Empereur, nous vous retrouverons toujours ici ! Votre corps repose dans la tombe avec ceux des Rois et des Evêques aux pied de ce Saint-Remi, que vous avez tant aimé. Et quand nous reviendrons l'implorer, lui, notre protecteur et notre père, nous aurons aussi une prière à répandre pour vous auprès de votre monument. Votre douce image y revivra, nous y contemplerons toujours votre sourire, vos traits sympathiques, et de là vous ne cesserez pas de nous bénir, et de nous exhorter à la paix, comme vous le fesiez en quittant la vie !

(1) II, Tim. IV, 7.

O bon et tendre père, puis qu'un choix dont je suis profondément reconnaissant, m'a dévolu aujourd'hui l'honneur de vous adresser les suprêmes adieux, laissez-moi finir par un souvenir personnel. Il y a vingt-sept ans, vous me regardiez déjà depuis bien longtemps comme l'enfant de Saint-Remi et comme le vôtre, et vous aviez raison. Vous vouliez que prêtre de huit jours, je chantasse solennellement une première messe, à cet autel où votre oncle avait marié ma mère et où tant de fois je devais venir accompagner sous vos yeux de chères et vénérées dépouilles. Du haut de cette chaire, vous m'adressiez à moi pauvre enfant, vos encouragements paternels. Vos paroles, les années les ont effacées de ma mémoire; mais ce que vous m'avez enseigné, je le saurai toujours! Vous me disiez d'être bon prêtre, de me dévouer comme vous aux pauvres, aux âmes, à Dieu! Essayer de le faire autant que vous, ce serait tenter l'impossible, la colombe n'imite pas le vol de l'aigle. Mais autant que le permettra ma faiblesse et en usant du mieux possible des grâces que le ciel donne à chacun libéralement, je me rappellerai votre vie, pour apprendre à être prêtre selon le cœur de Dieu.

O Père, o Ami, au ciel maintenant, et couronné par la bonté divine, vous chantez avec les saints le cantique des miséricordes, que vous avez tant de fois placé sur nos lèvres, *Misericordias Domini in æternum cantabo* (1). Priez pour vos paroissiens, vos enfants, qui ne cesseront de penser à vous et de vous aimer ; priez pour les confrères, que vous avez tant chéris sur la terre ; priez pour votre Archevêque, présent de cœur à cette pieuse cérémonie, et qui du tombeau de Saint Pierre, vous envoie ses plus précieuses bénédictions aux pieds du tombeau de Saint Remi. Priez pour l'Eglise afin qu'elle puisse nous guider, nous aider toujours par son divin sacerdoce, héritier de Jésus-Christ et des Apôtres, dans l'œuvre du dévouement que vous avez si bien pratiquée avant nous. *Impendam, et superimpendar ipse pro animabus vestris!* Amen.

(1) Ps. LXXXVIII, 1.

Reims. — Imp. P. DUBOIS et Cie, Imprimeurs de S. E. Mgr l'Archevêque, rue Pluche, 24.
(V. GEOFFROY, GÉRANT.)

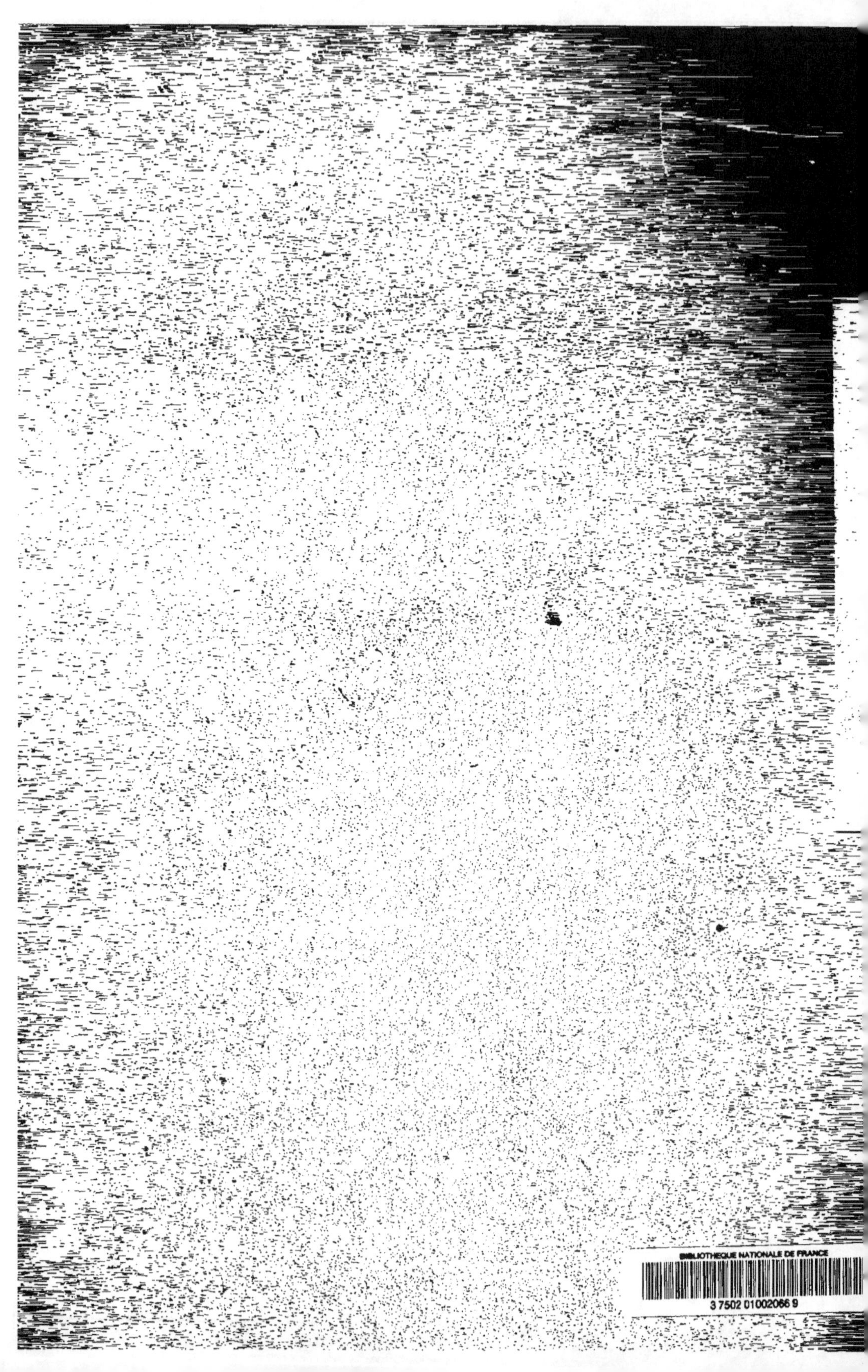

www.ingramcontent.com/pod-product-compliance
Lightning Source LLC
LaVergne TN
LVHW010257230826
846091LV00007B/3021
* 9 7 8 2 0 1 2 4 7 3 1 1 9 *